Meddyliau Bwni Bach

Meddyliau Bwni Bach
Cyhoeddwyd yn wreiddiol dan y teitl Little Bunny's Book of Thoughts

Cyhoeddwyd yn 2022 gan Graffeg Cyf. Ysgrifennwyd a darluniwyd gan Steve Smallman hawlfraint © 2020. Addasiad Cymraeg: Anwen Pierce

Graffeg Cyf., 24 Canolfan Busnes Parc y Strade, Heol Mwrwg, Llangennech, Llanelli, Sir Gaerfyrddin SA14 8YP Cymru. www.graffeg.com

Mae Steve Smallman yn cael ei gydnabod fel awdur a darlunydd y gwaith hwn yn unol ag adran 77 o Ddeddf Hawlfraint, Dyluniadau a Phatentau 1988.

Mae cofnod catalog CIP ar gyfer y llyfr hwn ar gael gan y Llyfrgell Brydeinig.

Cedwir pob hawl. Ni chaniateir atgynhyrchu unrhyw ran o'r cyhoeddiad hwn na'i gadw mewn cyfundrefn adferadwy, na'i drosglwyddo mewn unrhyw ddull na thrwy unrhyw gyfrwng, electronig, mecanyddol, llungopïo, recordio nac fel arall, heb ganiatâd ysgrifenedig ymlaen llaw gan y cyhoeddwyr.

ISBN 9781802580099

1 2 3 4 5 6 7 8 9

Meddyliau Bwni Bach

Steve Smallman

Mae'r llyfr hwn yn eiddo i

_____

_____

_____

GRAFFEG

Pan mae popeth tu hwnt
i dy gyrraedd

Ac yn troi yn ei unfan o hyd,

Pan wyt yn chwilio am rywbeth

Ond yn methu darganfod dim byd,

Pan mae'r ffordd ymlaen
yn llawn rhwystrau
a phob tasg yn teimlo
mor fawr,

Pan mae popeth o'i le,
ac mae'n ddiwrnod lle ...

Mae dy glustiau yn troi am i lawr,

Oeda.

Paid cael dy flino
gan ofid ac ofnau,
agor dy lygaid
a chodi dy glustiau!

Edrych ar bob peth o'r newydd - a sbia

Ar bob un dim
o'i ben ucha'n isa'!

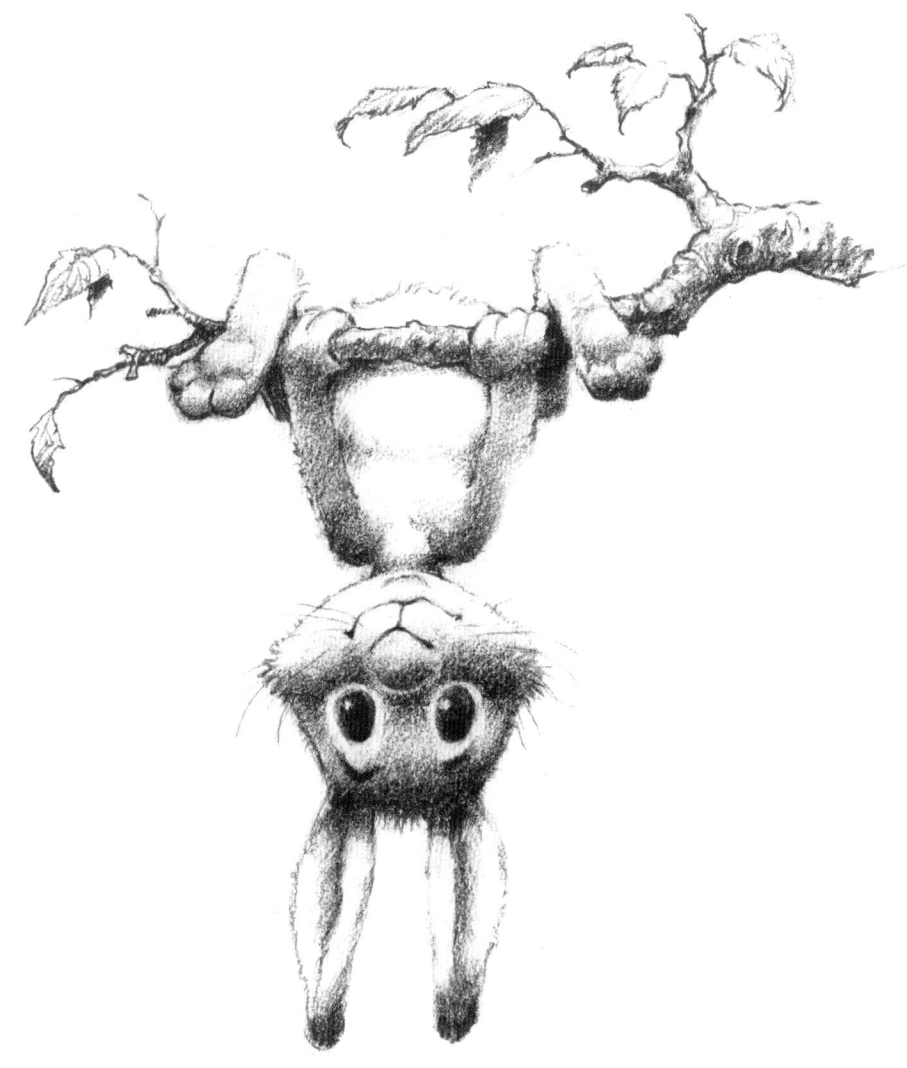

A cham wrth gam,
mentra arni,

Mae rhyfeddodau
dan dy draed di!

Dos i weld ffrindiau,
rhai newydd a hen

Ac ymhen dim, yn siŵr,
fe ddaw gwên!

A daw pethau'n well;
fe weli mor wirion
oedd peidio gwenu
a chwerthin yn fodlon.

Ymlacia dy glustiau,
cael hoe a phendwmpian,
a bydd yn ffeind
wrthot ti dy hunan.

Rhanna ddymuniad
â seren glir

A phwy a ŵyr ...
efallai daw'n wir!

Paid poeni am fory;
cei gysgu'n fodlon

A mentro'n dawel
i fyd o freuddwydion.

Steve Smallman

Mae Steve Smallman wedi bod yn ysgrifennu a darlunio llyfrau i blant am dros 40 mlynedd. Fe yw awdur *Smelly Peter the Great Pea Eater* (enillydd y Sheffield Children's Book Award yn 2009) a *The Lamb Who Came for Dinner* (gyrhaeddodd restr fer y Red House Children's Book Award a'i ddarllen gan Meatloaf ar *Bookaboo* CITV). Derbyniodd hefyd y Sheffield Children's Book Award eto yn 2019 am *Cock-a-Doodle Poo!*. Dechreuodd ddarlunio pan oedd yn fyfyriwr mewn coleg celf, yna, ar ôl ugain mlynedd, penderfynodd roi cynnig ar fod yn awdur. Hyd yn hyn mae wedi ysgrifennu dros 100 llyfr, ac mae mwy ar y gweill.

'Daeth y syniad am y llyfr hwn wrth i mi ddwdlan yn fy llyfr braslunio. Ro'n i'n rhoi cynnig ar dechneg wahanol yn defnyddio pensil meddal ar bapur o ansawdd garw. Heb feddwl rhyw lawer am yr hyn ro'n i'n ei wneud, daeth bwni gofidus mewn cwch i'r golwg ar y papur. Rhoddais y llun ar y cyfryngau cymdeithasol, ac roedd fel petai'r bwni'n taro tant â sawl un! Felly tynnais fwy o luniau o'r bwni, gan ddefnyddio gwahanol ystumiau wyneb ac ymhen dim roedd gen i gasgliad. Wrth eu rhoi at ei gilydd, roedd fel petai'r lluniau'n adlewyrchu taith emosiynol y bwni y gallai pobl uniaethu â hi. Ysgrifennais damaid o destun i helpu'r bwni ar ei daith, a gyda help Graffeg, crëwyd y llyfr!'

Llyfrau Plant Graffeg

Perffaith
Nicola Davies
Darluniwyd gan Cathy Fisher

Y Pwll
Nicola Davies
Darluniwyd gan Cathy Fisher

Y Ferch Newydd
Nicola Davies
Darluniwyd gan Cathy Fisher

Yr Addewid
Nicola Davies
Darluniwyd gan Laura Carlin

Y Lanternwyr
Karin Celestine

Drwy Fy Llygaid I
Jon Roberts
Darluniwyd gan Hannah Rounding

Dim Bwystfilod!
Tracey Hammett
Darluniwyd gan Jan McCafferty

Geiriau Diflanedig
Gan Robert Macfarlane, Jackie Morris a Mererid Hopwood

Ga' i Hanes Draig?
Jackie Morris a Mererid Hopwood

Cyfres Mali
Malachy Doyle
Darluniwyd gan Andrew Whitson
Mali a'r Môr Stormus
Mali a'r Morfil
Mali a'r Goleudy
Mali a'r Cyfnod Clo

Darganfod Paradwys
John Milton
Darluniwyd gan Helen Elliott

Cyfres Ceri a Deri:
Max Low
Dim Amser i Glociau
Adeiladu Tŷ i Aderyn
Y Map Trysor
Mae'n Dda Bod yn Dda

ABC yr Opera: Baróc
Mark Llewelyn Evans
Darluniwyd gan Karl Davies

ABC yr Opera: Clasurol
Mark Llewelyn Evans
Darluniwyd gan Karl Davies

Siwmper Mam
Jayde Perkin

Llyfr Trist
Michael Rosen
Darluniwyd gan Quentin Blake

Mam Lan a Lawr
Summer Macon

Beth Sy'n Digwydd Yn Fy Mhen?
Molly Potter
Darluniwyd gan Sarah Jennings

Llyfr Lluniau Dyslecsia a'i Bobl Ryfeddol
Jessica Kingsley

Cwestiynau a Theimladau Ynghylch Awtistiaeth
Louise Spilsbury
Darluniwyd gan Ximena Jeria

Cwestiynau a Theimladau Ynghylch Anableddau
Louise Spilsbury
Darluniwyd gan Ximena Jeria

Cwestiynau a Theimladau Ynghylch Pryderon
Paul Christelis
Darluniwyd gan Ximena Jeria

Artist Ydw I
Kertu Sillaste
Darluniwyd gan Adam Cullen

Watcyn y Wombat
Eva Papouková
Darluniwyd gan Galina Miklínová

Cyfres Rita
Máire Zepf
Darluniwyd gan Mr Ando
Mae Rita Eisiau Draig
Mae Rita Eisiau Robot

Cyfres Mouse & Mole
Joyce Dunbar
Illustrated by James Mayhew
Mouse & Mole
Happy Days for Mouse & Mole
A Very Special Mouse & Mole
Mouse & Mole Have a Party
Mouse & Mole – A Fresh Start
Mouse & Mole – The Secret of Happiness

*Koshka's Tales – Stories
from Russia*
James Mayhew

Leap, Hare, Leap!
Dom Conlon
Darluniwyd gan Anastasia Izlesou

Walking with Bamps
Roy Noble
Darluniwyd gan Karl Davies

The B Team
Roy Noble
Darluniwyd gan Karl Davies

The B Team Win
Roy Noble
Darluniwyd gan Karl Davies

Gaspard the Fox
Zeb Soanes
Darluniwyd gan James Mayhew

Gaspard – Best in Show
Zeb Soanes
Darluniwyd gan James Mayhew

Gaspard's Foxtrot
Zeb Soanes
Darluniwyd gan James Mayhew

Monsters Not Allowed!
Tracey Hammett
Darluniwyd gan Jan McCafferty

Cyfres Fletcher
Julia Rawlinson
Darluniwyd gan Tiphanie Beeke
Fletcher and the Springtime Blossom
Fletcher and the Summer Show
Fletcher and the Falling Leaves
Fletcher and the Snowflake Christmas
Fletcher and the Caterpillar
Fletcher and the Rainbow
Fletcher and the Rockpool

Ootch Cootch
Malachy Doyle
Darluniwyd gan Hannah Doyle

The Knight Who Took All Day
James Mayhew

Why is the Sky Blue?
Nick Cope

No I Don't Wanna Do That!
Nick Cope

The Very Silly Dog
Nick Cope

Cyfres Celestine and the Hare
Karin Celestine
Honey for Tea
Small Finds a Home
Paper Boat for Panda
Finding your Place
Catching Dreams
A Small Song
Bertram Likes to Sew
Bert's Garden
Helping Hedgehog Home